ゆるく生きたいのですが

猫みたいに
脱力できない
あなたへの処方箋

公認心理士・臨床心理士
高品孝之
イラスト
川添むつみ

CCCメディアハウス

泣きたい。

いいひとでいなくちゃ、

がんばらなくちゃ、

急がなくちゃ、

自分でなんとかしなくちゃ、

ちゃんとやらなくちゃ……。

そうしていつも、
いっぱいいっぱい。
うまくリラックスできない
完璧主義のあなたが、
猫みたいに力を抜くために。

カンペキさんは失敗すると 01 自分を全否定してしまいがち

うまくいってもいかなくても、
わたしの価値は変わってないよね。

ニンゲンはどうして努力するのか知ってる？

「実現したいこと」や「手に入れたいもの」があるから努力するんだって。「いまはまだ持っていない、何か（もの／こと／状況）」が欲しいから、みんながんばっている。

昇進するためにがんばる
痩せてきれいになるためにがんばる
英語が話せるようになるためにがんばる
ライバルに負けたくないからがんばる
感謝されたいからがんばる

忘れちゃいけないのは、**努力はあくまで「自分のため」**ってこと。「友人のためにがんばる」とか「お客さんのためにがんばる」とか言っても、結局のところは「友人やお客さんに感謝される」という評価が欲しくて「自分のため」にがんばっている。ひとは社会で生きているから、他者の評価が行動基準になるのは全然おかしいことじゃない。
ただ、手にしたい「何か」への欲求が切実なほど、うまくいかなかったときにはがっかりしてしまう。あるいは、もう少しのところで手に入れることができないと、とてもつらくなってしまうよね。

努力したのに**失敗したときには、「プライドを持って」失敗を受け入れてみる**といいよ。

何かに成功したときには自然とプライドが満たされて、自分を誇らしく思うよね？　同じように失敗したときにもプライドを持てばよくない？　だって、たまたまうまくいったか失敗したかは、いろんな状況の結果でしかなくて、あなたの実力そのものは何も変わってないからね。
プライドを持って、ちょっと無理してでも胸を張ってみる。

よくがんばった。でも、うまくいかなかった。それはただの結果。
でも、あなた自身のがんばりは、ちゃんと誇っていいんじゃない？

カンペキさんは自分に厳しいので

02 失敗を引きずる

失敗しちゃった……。
結果はもう変わらない。
それなら一秒でも早く
切り替えていこう。

一秒でも長く
くよくよするだけ
負の感情にとらわれる時間が
増えるから。

「たしかにわたしは、何も変わらない。
そうは言っても、気持ちがめちゃ落ち込む……」

よくわかるよ。カンペキさんのカンちゃんはそのデザイン事務所で働きたくて、毎日夜遅くまでウェブの資格の勉強をしてきたんだもんね。
でもさ、もう3日間も布団のなかでグズグズしてるじゃない？　さすがに心配だよ。せめて、起きて顔でも洗って、猫でも撫でてみたらどう？

失敗を何日も引きずって、取るものも手につかないときどうするか？
マインドをそう簡単に切り替えられるほど、メンタル強くないし……。
そういうときに思い出してほしいことがある。

くよくよしても、めそめそしても、
いちど**出てしまった結果は変えられない。**
絶対に。

これ。負の感情に引っ張られそうになるたび、思い出してほしいんだ。そのうえで「失敗を前進するエネルギーに変えてみせる」と無理にでも言い聞かせる。強がりでもいいから。

失敗はいつでも起こり得る。
だから失敗したときはそれを有効利用する。
失敗したときは必ずそこから学べるものがある。
失敗のおかげで、力が付いた。
失敗のおかげで、心が強くなった。

「失敗のせい」ではなく、**「失敗のおかげ」——失敗をそうとらえたとたん、失敗は無駄じゃなくなる**よ。「失敗のおかげ」。やせ我慢でもそう思おうとすることで、気持ちが少しポジティブになる。顔を上げることができる。それは成功に向けての次のステップにもなるよ。

じっさい、今回失敗したってことはさ、その分、次に成功する可能性が数パーセント上がったってことだよ?

CONTENTS

もくじ

はじめに

完璧主義で疲れているあなたへ

ひと仕事終えると、なぜかふた仕事増えているんですが？

職場、家庭、学校と、あらゆるコミュニティで、こうした経験をしているひとは多いのではないでしょうか。必死でタスクをこなしているはずなのにどうして？

こなしても、こなしても、次から次へと新しい仕事を引き受けてしまい、いつまでも終わる気配がない。一日が終わる頃にはくたくたで、自分のための時間が全然ない。どうしてこうなってしまうのか？

- ひとの頼みは断りづらい。
- もちろん自分が他のひとに頼むことなど、申しわけなくてできっこない。

● 結局わたしがやったほうが速い。
● ひとに任せるのは心配……。

理由はさまざまですが、結局ひとりで仕事を抱え込んでしまうのは、あなたに完璧主義の一面があるためです。ちゃんとしないと、という気持ちが強すぎて、「力を抜く」ことが不得意なんですね。

「カンペキさん」とはこんなひと

本書を手に取ってくださったみなさん、こんにちは。公認心理士・臨床心理士のタカシナと申します。いままで『イヤな人間関係から抜け出す本』『職場いじめから抜け出す3つの視点』といった人間関係をテーマにした本を書いてきました。

「正直者が馬鹿を見る」という言葉がありますが、キャリアのなかで私が実感しているのは、**誠実に生きようとしているひとほど疲れ果ててしまいがち**な社会の構造です。みなさん、いっぱいいっぱいで毎日を懸命に生きていらっしゃるのに、なかなか毎日を楽しむことができないのですね。

真面目で、努力家で、責任感が強くて、誠実で、弱音が吐けない――本書では物ごとを完璧にやろうとしていつも張りつめている、そんなあなたを「**カンペキさん**」と呼びます。

毎日夜遅くまで残業し、売れ残ったコンビニ弁当を買って帰宅する。あるいは、朝から晩まで、子どものため、夫のためと奔走していて、お風呂に入るのさえしんどい。

ここに綴られている内容は、そんなあなたへの心の処方箋です。

他にも、こんな経験は思い当たりませんか？

- ひとの顔色ばかり気になり、気苦労でつらい。
- きりなく押し寄せるタスク（仕事、家事、勉強、雑務）を思うと、このままやっていけるのか不安になる。
- ミスが許されない仕事。寿命が縮まるような気がする……。
- ひとに意見するのが苦手でつい我慢してしまう。

身に覚えがありすぎるというみなさんは、いったいどうすればいいのでしょうね？　どうすると肩の力を抜けるのでしょう？

肩の力を抜くためのマインドの持ちかたを知ろう

あなたがくたくたになっているそばで、周りにもきっといらっしゃいますよね？　仕事をきっぱり断って平然としている同僚や、いい加減な性格なのになぜか憎まれない友人が。
どうして、あんなふうにはなれないのか？　気楽そうでずるい、とつい嫉妬してしまう。そして、そう思ってしまう自分に自己嫌悪……。

もっと肩の力を抜いて、毎日を気楽に過ごせたらいいのに。

でも、どうやって？

こうしたストレスを抱えてしまうのは、やはりあなたが、ノンキでお気楽になれない（あるいはなりたくない）性分だからです。

それではさっそく、カンペキさんが心の枷《かせ》を外し、「いつも完璧に生きなくてもいいんだ」と思えるようになるための心の持ちかたをシェアしていきましょう。

あなたが完璧主義から少しだけ降りて、もっと気楽にのびやかに生きられますように。

デザイン事務所で働いている
カンちゃんは完璧主義のカンペキさんで、
同僚のノンちゃんはゆるふわのノンキさんで、
カンちゃんと暮らす猫たちは
ノンキのエキスパート。

カンペキさんは「正しさ」を

03

妥協することが許せない

「そっちがおかしい！」

そのひとを責めたくなったら、
ちょっと立ち止まる。

ほんとに言っちゃって大丈夫？
わたしって、
いつもそんなに正しいわけ？

「いつまでも負のオーラ出しすぎ！　こっちまで滅入る、だって！　ノンちゃんの言いかたって、ないと思う！　ムカつくから電話する」

あれ？　今晩は同僚のノンちゃんとご飯行くって言ってなかった？　だいぶプンスカしてるけど大丈夫……？

ニンゲンが集まると、しょっちゅう食い違いが起きる。猫も同じだけどさ。誰だって否定されると傷つくし、気に障る言いかたをされると、イラッとする。あんまりひどいと腹が立って夜も眠れないってこともあるよね。猫の場合は、すぐに忘れてよく寝るけど。

折れることができないひとはよくいる。とりわけ5つの「心のクセ」（80ページ）のうち「正確さん」のクセが強いひとは、間違うことを嫌うし、「強がりさん」のクセが強いひとは、他者に自分のポリシーを曲げられるのが苦手だからね。自分にプライドも持っているし。

でもさ、物申す前に、ちょっとだけ冷静になってほしいんだ。

激しい怒りや憎悪は、ひとを意固地にし、判断力や思考力を鈍らせてしまうという罠があるんだよ。そもそもニンゲンって、わりとよく思い違いをしたり、間違えたりする動物だってことは、知っておくといいんじゃない?

ひとに指摘されると恥をかかされたような気持ちになって、腹が立つ。でもだからこそ、条件反射で感情的に言い返したりして、じつは自分のほうが間違っていたりしたらカッコ悪くない? 腹が立つのは、指摘が「たしかに」って思うことだからという一面もあるし。

まずは、**自分には、本当にまったく非がないのかをちょっと考えてみて。**そして何か思い当たるなら、それを認めてみるといいよ。そうすると不思議なことに、冷静さを取り戻して、怒りや憎悪がすっとおさまっていく。結局自分の意見を言うにしても、冷静になったほうがうまく伝えられるからね。

カンペキさんは「ひとのため」に

04

自分を犠牲にしてしまう

そもそも、
あのひとの仕事は
わたしの仕事じゃないよね？

どう断る？
そう悩むことさえ、
わたしってひとの
時間と良心のムダ遣いだよ。

POTATO
CHIPS

ええーっ、仕事持って帰ってきちゃったの？　今日は猫とのんびりドラマを見るって約束だったじゃん！

カンちゃんと同い年のノンちゃんは、のんびりゆるふわ、マイペースな性格で、いつも悪気なく仕事をひとに押し付けるのが得意らしい。

カンちゃんはよく、ノンちゃんの仕事を引き受けてあげている。責任感が強いのか、単に断るのが苦手なのか……。ま、それはいいんだけど、イライラして猫に八つ当たりするのは正直やめてほしいよね。

考えてみてよ。頼んだほうは「ごめんなさぁい」とか、「わたし、できなくって……」なんて言ってるけどさ。本当に心からそう思ってるの？　当のノンちゃんはさ、いま頃、けろっと仕事のことなんか忘れて、テレビでも見てんじゃない？

そして、ここからはとても大事なことなんだけど、その頼み、もし引き受けなかったらどうなるの？　カンちゃんにとって、どんな困ることがある？　それをよくよく考えてみてほしいんだ。

ニンゲンには「ひととして果たすべき義務」と「自分の人生を生きる権利」があるよ。

義務と権利は裏と表。何かしらの義務を負うことは大変だけれど、その義務を果たすことで、自分の権利はより強くなるんだ。

それは義務なの？

自分の権利は守られている？

なんだか冷たい言いかたに聞こえるかもしれないけど、義務と権利のバランスをちゃんと見極めることは大事なことだよ。

いま、カンちゃんがノンちゃんに憤《いきどお》りを感じているのは、その仕事を引き受ける義務がないばかりか、自分の権利が損なわれていると感じているからなんじゃない？　頼んだほうは、ひとに押し付けて自分の義務を果たさなかった。**本人が義務を果たさないのに、他人のカンちゃんがどうしてそのひとの義務を果たすことがあるわけ？**

カンペキさんは期待に応えなくてはと思い込んでいる

05

わたしが気にしてるほど、
誰もわたしを見てないから。

だって、わたしも、
ひとのことそんなにいちいち
見てないしね。

おれ、最近、ニンゲンの「七転び八起き」って言葉を覚えちゃった。失敗してもめげずにがんばるって意味らしい。ちなみに猫はあまり転ばないけどな。

でも「七転び八起き」ってさ、見かたを変えれば、「生きていると失敗はつきもの」ってことでもあるんじゃない？　ニンゲンって、じっさいかんたんに失敗するしな。

世のなかにはひとの命を救ったり、すごい大金を扱ったりといった失敗が許されない仕事もある。

でもさ、ここだけの話、**たいていの仕事は、失敗も織り込み済み**で回っている。会社や仕事はそんなふうに設計しておかないと、リスクが高すぎるからね。

だから基本、仕事でミスしたときは、すぐに素直に謝って、また先に進めばいい。

失敗していつまでもくよくよしてしまうのは、ひとの期待を裏切らないようにしようとしているからだ。

でもそれってさ、見かたを変えると、「ひとはわたしに期待を寄せてくれている」って思っているってことじゃない？　「わたしは期待を寄せられるに値する人物だ。だからわたしに期待してくれ」って、逆に相手に期待しているってことかもよ？

でもさ、当の自分はどうなのか考えてみてほしい。

あなたはいつも、ひとに対してそんなに期待してる？
ひとのことなんて、そんなに気に留めてもいないんじゃない？

結局、**失敗すると恥ずかしいと思うのは、ひとが自分のことをよく見てると思っているせい**だよね。でもそれってさ、自意識過剰ってやつかもしれないよ？

06

カンペキさんは綿密に計画を立てるあまり自分の首を絞める

先のことばっか気にして、
目の前にあるいまを見失うところだった。

いまできるのは、
目の前のことしかない。

先のことは、
いまが積み重なった先にしかないから、
焦らないでいこう。

「来月、親友のケイちゃんの結婚式でスピーチするんだ。でも、もしうまくいかなかったら……。いまから緊張しちゃって、気が重いよ」

カンちゃん、ずいぶん余裕がないみたいだね。でも、焦っても仕方なくない？　いまやれることをやるしかないよ。いまやれることは、スピーチの文章を考えること、練習すること、着ていく服を考えること、それから……。書き出して、一つずつクリアしていくしかないよね。

ニンゲンは、ちゃんとやり遂げたいと思うあまり、ずいぶん前から周到に計画を立て、先の未来ばかり見てしまうということがあるらしい。事前に道すじを描いておくことは、目標を達成するための基本だからね。仕事やタスクには必ずゴールがあって、それはちょっと先の未来のことだから。

たとえば、商品開発の仕事をしているひとなら、その商品の納品、受験生を持つ母親なら、子どもの合格というように、ちょっと先にあるゴールで転ばないよう、計画を立てて行動するんだね。

目標設定して、想定できるリスクを潰し、成功するイメージを想像しておくことは、とても大切。

でも、未来ばかりを見るあまり、いま目の前にある現実が見えなくなってない？　あるいは、未来にとらわれるあまり、その未来がネガティブなものに見えてしまっているってことはない？

考えれば考えるほど、うまくいくような気がしない。

どうしよう、やることがこんなにある……とても間に合わない。

こんなふうに思いはじめたら、注意が必要。**先のことばかり気にするあまり、いまが疎かになっちゃっているのかも。**

いますぐできることは何？　目の前のことを一つずつ片付ける。やるべきことを細かく区切って、一つできるたびに自分を褒めるとか、チョコレートを食べるとか。先のことを考えながらも、目の前の小さな達成感を大事にしていこう。

カンペキさんはいつも何かに
07
追われていていっぱいいっぱい

深呼吸しよ。

いま余裕がない。

そう感じるときは、

自分を追い詰める「心のクセ」を思い出そ。

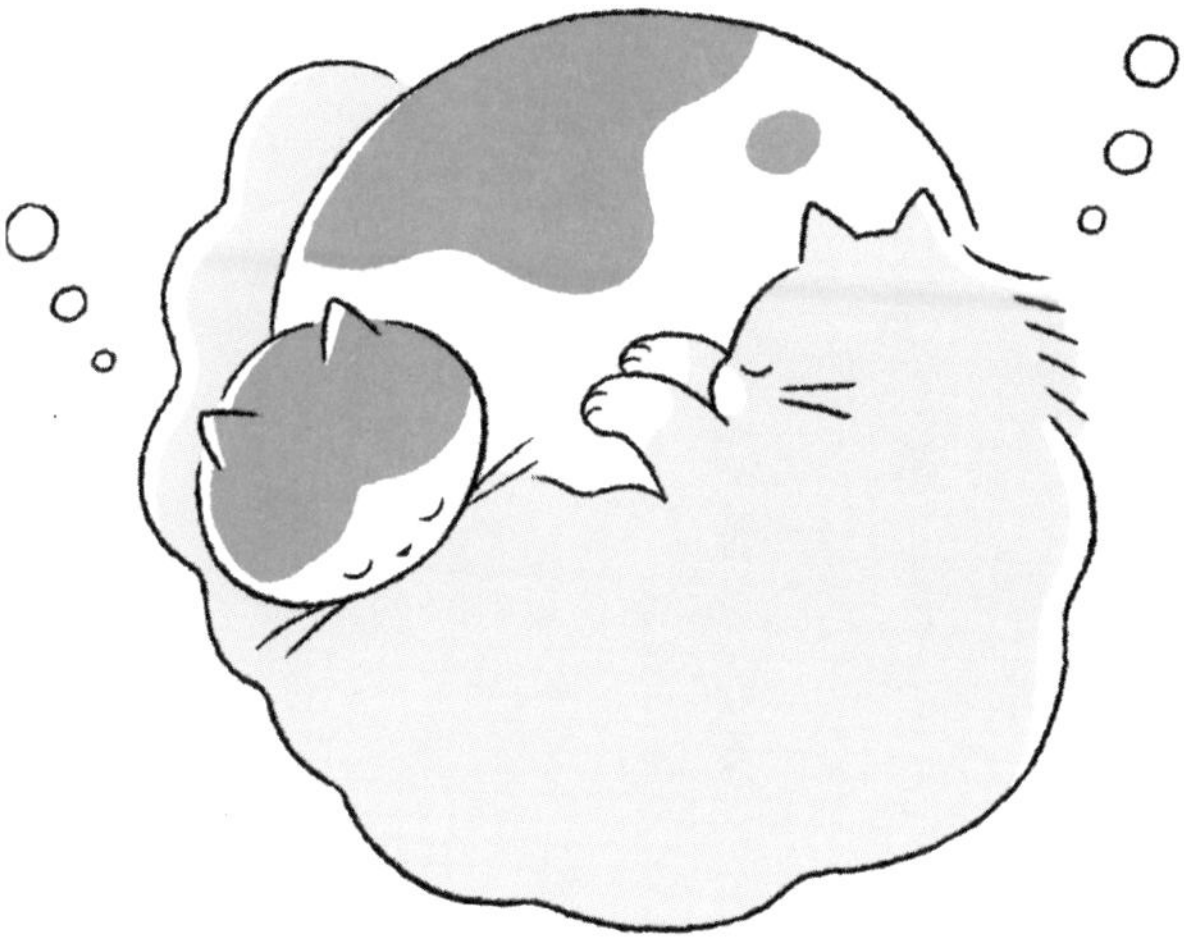

猫みたいに心からゆったりのんびりしているときのことを思い出してほしい。あなたを追い詰めるものがなーんにもない状態。

肩の力を抜くのが苦手なら、追い詰めているものを少しずつ減らしていけばいいい。

あなたを追い詰めるものって何がある？

追い詰めると言えば、まずは「時間」じゃない？　時間に追われると、緊張してしまう。急がなきゃと焦って、かえってミスが増えてしまう。時間がないのに余計に時間がかかって苦しくなる。

では、「時間に追われる状態」を減らすことってできる？

ちょっとした工夫ならできるかも。いつもより早起きして、早めに仕事や家事をはじめてみるとかね。

物ごとを前倒しでこなしていくと心に余裕が生まれるよ。ただこの方法は、早く起きた分、早く眠くなっちゃうけどさ。

ほかには？
ときには思い切って、仕事をキャンセルしてみるとか？
本当にきついときには、それも自分を守るいい方法だよ。

あとは**「心のクセ」をコントロールする**という方法もあるよ。

ひとのためにやろうとする。
がむしゃらにやろうとする。
急いでやろうとする。
頼らずやろうとする。
ミスせずやろうとする。

自分のクセから生まれる「やろうとする力」を深呼吸して緩めてみる。
いま、「心のクセ」が強く出ていたな、って。

カンペキさんは
08
ひとの評価を気にしてしまう

ひとと比べられるのってイヤ。
ひとと比べてしまうのもイヤ。
ひとを比べてしまうのもイヤ。

でも、「比べる」ってある意味、
生きるうえで必要なことだから、
この世界からなくならない。

ノンちゃんと比べるとわたし、愛嬌がないし……。
でも、ノンちゃんよりもわたしのほうが仕事ができるし！
だけど、結局ノンちゃんのほうが毎日楽しそうだし……。

負のオーラ漂わせすぎだろ……。ノンちゃんと比べてしまう自分がイヤって？ まあね。ひとと比べることで、自分のポジションを判断するのってしんどいよね。いつも競争していなきゃいけないからさ。

でも、そもそもニンゲンの世界って「比べること」で成り立ってるみたいだよ。だから、ひとと比べてしまうことは自然なことなんだ。
たとえばテレビで短距離走の選手を見て「速い！」と賞賛するよね。でも、「足が速い」という評価は「足が遅い」ひとがいるから成り立っている。みんなが同じ速さで走るなら「速い」とか「遅い」とかって言わないし、そんな言葉が存在しないだろうから。

ユニークなひとに対して「おもしろい」、違う国のひとに対して「〇〇人」、猫より犬が好き……。こんなふうに、ニンゲンは比較することによって物ごとを認識し、その存在を認めているんだね。

だから、自分と誰かをつい比べるのは、他者や自分の存在を認めようとすることなのかもしれないね。


とは言っても、ひとに比べられて悪い評価を受けるのは、やっぱりいい気持ちがしないよね。だから自分を守るためにはまず、「比較されるのは当たり前」って知ること。

そして、当たり前すぎて、いろんな場面で比べられているのだから、「悪い評価のときもあるけど、良い評価のときもある」と知ること。


さらにもっと言えば、「良い悪いの基準」だって、時と場面、ひとによってころころ変わると知ること。

誰かのあなたに対する評価は絶対じゃない。じっさい、「あのひとはいいひと」って聞いていたのに、あなたにとってはそうでもなかったなんてこと、いくらでもあるんじゃない？

失敗を成功に変えたい

09

カンペキさんへ

頭を使って考えているとき、
同時に感情に流されることはできない。

次こそ、うまくやる！
夢中で考えているとき、
イヤな気分はどっかに消えている。

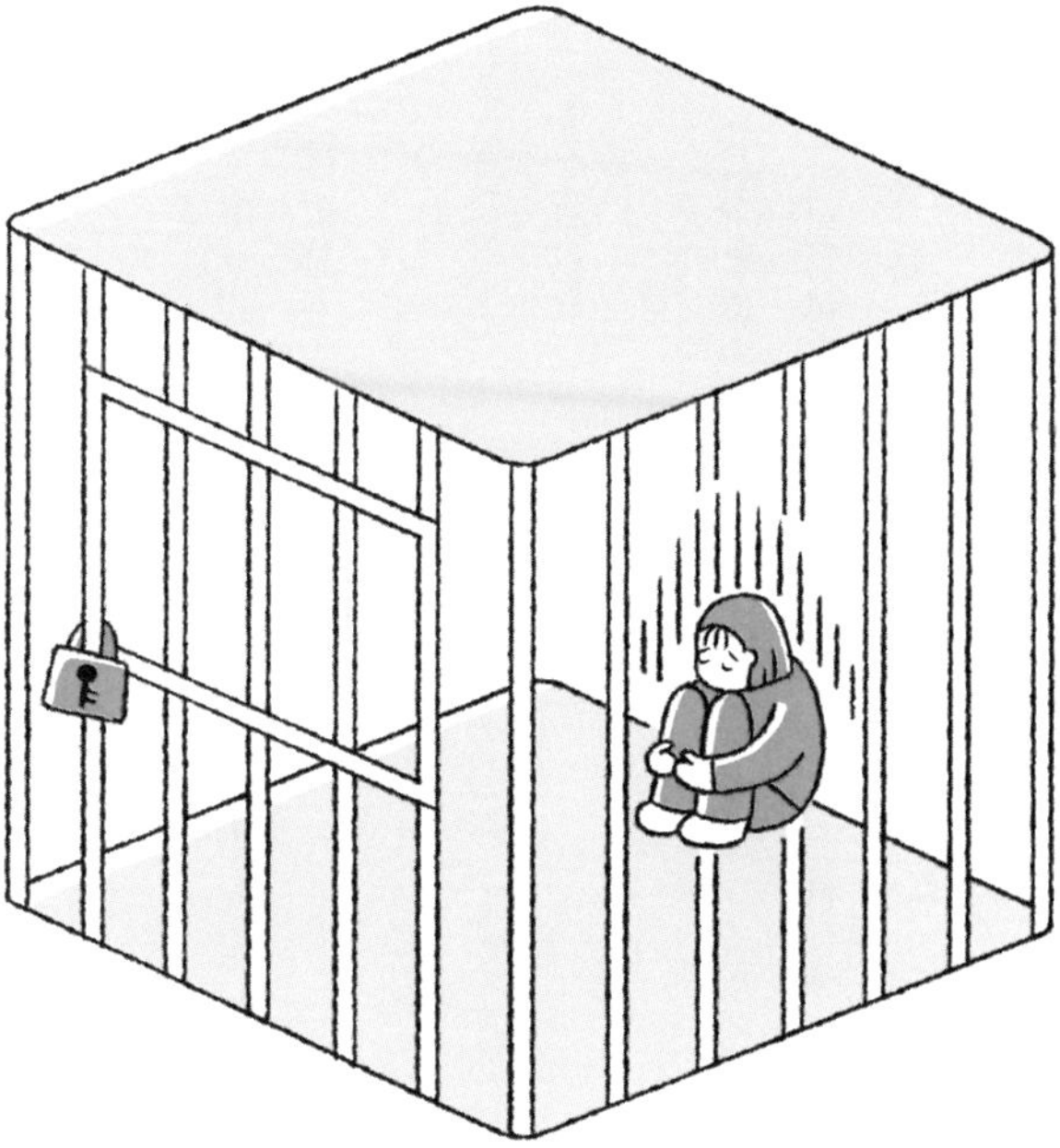

失敗をまっすぐ受け止めるのって、難しい。

悲しい、恥ずかしい、自分に腹が立つ……。

いろんな気持ちが入り乱れて、早く忘れてしまいたい。


特に念を入れて取り組んだことや、必死で努力したことが失敗すると悔いが残るし、挫折感も大きい。

でもさ、世の中、いま成功していると思われているひとほど、たくさんの失敗もしてきたはずだよ。挫折や失敗の経験があるからいまがある。

まずはそのことを忘れないで。


では、成功したひとはみんなメンタルが強くて、くよくよしないの？

そんなことがあるはずはないよね。けど、失敗を糧にするためのマインドの切り替えが、うまいのかもしれないよ。


失敗をしたら、まずは原因をしっかり探ること。

原因を突き止めたら、それを改善する策を戦略的に考えること。

この一歩をできるだけ早く踏み出すこと。

落ち込んでいたって状況は一歩も前に進まないからね。「失敗した」という感情の牢屋に自分を閉じ込めないで。

最初の一歩を踏み出すためのコツがあるよ。

悲しいときや不安なときは、「自分の状態」を静かに観察する。「自分の感情」を相手にせず、客観的になる。

たとえば、仕事で失敗して悲しい気持ちが湧いてくるとき、失恋してつらいとき、いま自分の状態は？　と問うてみる。「失敗でひとの顔色を気にしている状態」「落ち込みで言葉を交わす元気もない状態」というふうに、よく観察するんだ。

すると、失敗の結果つくり出された「状態」を「感情」ではなく「行動」で変えていかなきゃならないと気づけるよ。

人間関係を良好に保とうと

10

あくせくしてしまうカンペキさんへ

わたしのひと付き合いを
コントロールしようとするひとには、
「そうだね」と言っておく。

「わあ、イヤだなあ。ケイちゃんの結婚式に、先輩が来るみたい。ケイちゃんとわたしが入っていたテニス部の先輩なんだけど、すっごく口うるさいの。後輩の人間関係にいちいち介入してくるんだよね」

ニンゲンってほんと大変だな。自由気ままな猫には考えらんないけど、他人の人間関係にいろいろ指図するひとってけっこういるそうだ。

「あのひととは付き合わないほうがいいよ」
「あのグループでは彼女の顔を立てなきゃダメ」
「わたしとあのひと、どっちが大事なわけ？」
「わたしがあんなに言ったのに、なんであのひとと別れないの」

このひとに、自分のひと付き合いを指図されることはないな……。そう感じたときは、どうするか？

深く相手にせずに「そうだね」とだけ言っておく。

これがいちばんうまい方法だよ。

こういうひととは人間関係だけではなく、なにかとあなたの行動に介入し、指図をしたいひとだからね。面と向かって説明しようと努力したり、言い返したりするほど、さらに付け入るチャンスを与えてしまう。

いつの間にか、そのひとのペースに巻き込まれたら本末転倒だしね。

だからあまり相手にせず、適当にかわす。

「でも、わたしも忙しいから、いつも会えるわけじゃないし」とか言っておくといいよ。

でも、そんなに適当にあしらって、そのひとに嫌われてしまわないかって？　嫌われたらそのときは仕方ないよ。だってそのひとはいつかきっと、あなたとほかのひととの関係のあいだでトラブルを起こすひとだから。好かれなきゃ、なんて思わずに遠慮しないで、自分の大切なひとと付き合いを続けていこう。

ひと息①

「心のクセ」があなたの行動を決める

「そんなひと放っておけばいいんじゃない？」

「がんばりすぎないでいいからね！」

「そんなに急いでやる必要ないよ」

「つらいことがあったら言ってね」

「誰でも間違うんだから気にしないで」


仕事や人間関係でいっぱいいっぱいのとき、ひとから緊張をほぐしてもらえるような言葉をかけられるとホッとしますよね。「そうだ、気楽にいけばいいんだ！」と。

ところが、翌日にはまた余裕がない自分に気が付きます。

こなさなければならないタスクがある。ちゃんとしなければ、周りも巻き込んでしまう……。肩の力を抜くって、どうしてこんなに難しいの？　このままずっと何かに追われて、ストレスを溜めて、いつか心が折れるまでがんばり続けるしかないのかな？

思いやりあるアドバイスを心に留めたはずなのに、**気を抜くとやっぱり「気楽に生きていない自分」がいる**のですね。

がんばりすぎてしまうあなたと「育ち」の関係

ついがんばりすぎてしまう原因はさまざまです。しかし、誰にでも当てはまる要因が一つあるのでお伝えします。それは、

あなたの「育ち」

です。育ち——つまり、生育環境。たとえば、「何ごとも全力でやりなさい」とか、「努力することに価値があるんだからね」とか言われて育ったひとは、知らず知らずのうちに、「努力しなさい」「がんばりなさい」

という親の命令に従って生きてしまうのです。

エッ？　でも、わたしは大人だし。

そう思ったかもしれません。しかし、ひとの**「無意識」には時間がないんですね。**ですから、子どものときに受け取った親の命令（言葉・指導）は成人してからも無意識のなかで生き続けます。

努力することやがんばることが尊いと無意識のレベルまで教え込まれると、努力するのをやめることがなかなかできなくなるのです。それは、**まるで「心のクセ」**です。

ペンを握るとついクルクルと回してしまうとか、考えごとをしているときについ腕を掻《か》いてしまうとかいう「クセ」と同じで、無意識にそのように心が動いてしまうのです。そして、「心のクセ」はあなたのあらゆる行動を決めてしまいます。

みんなそれぞれ持っている「心のクセ」の厄介さ

後ほど詳しく説明しますが、**「心のクセ」には大きく5パターン**あります。

あなたはいままで、自分には「心のクセ」がある、なんて意識したことはなかったかもしれません。しいて言うならば、「わたしはこういう性格だから」という自覚くらいはあるかもしれませんね。

ぜひ本書で、ひとには5つの「心のクセ」があるということを知っていただきたいと思います。なぜならひとは、知ることによって、自分のマインドや行動の傾向を客観視しやすくなります。客観視ができると心が「心のクセ」に引っ張られそうなときにコントロールしやすくなるからです。

さて、無意識にあなたの行動を決めてしまう「心のクセ」ですが、厄介な特徴があります。**ストレスがかかると表に出てきやすくなる**という特徴です。

先ほどの例で続けます。親から「努力しなさい」とよく言われてきたひとがいるとします。たいていの場合、そう言われたのは、親からプレッシャーをかけられたときのはず。子どもの心にはストレスがかかっている状態です。

こうした経験の積み重ねで、「心のクセ」はストレスとセットで無意識のなかにすり込まれていきます。ですから、大人になってからもストレスがかかる場面になると「心のクセ」が出てきやすくなるのです。

「がんばりすぎなくていいからね！」と言われて「そうだ、気楽にいけばいいんだ！」と思っても、じっさいに仕事でストレスがかかると「心のクセ」が起動してしまいます。子どもの頃に散々言われた「努力しなさい」「がんばりなさい」という命令に向かって心が動いていってしまうんですね。

ストレスがかかっているときほど、「気楽に生きたい」と切実に思う。それなのに、ストレスがかかっているときほど、「努力しなさい」という言葉が無意識のなかで動き出し、そちらに引っ張られてしまう。

なかなかつらいことですよね。

80ページ以降で、５つの「心のクセ」を把握して、自分はどの傾向が強いかを認識していきましょう。

11

ひとに頼られると無下にできないカンペキさんへ

依存するひとってキリがない。
だから応えるのはやめる。
応えようといっぱいになって、
どうせいつかは断る日が来る。
それなら、早いほうがいい。
たったいちどの断る勇気。

NO

他人任せってクセになるらしい。

借金をくり返すひとっているよね。結局困ったことになるのに、どうしてって思うけど、親からお金を借りて返さずに済んだり、親しい誰かがあっけなくお金を貸してくれたり。そうしてひとのお金を頼りにすることができたという成功体験がクセになってしまう。

同じように、仕事でもなんでも、いつも途中で投げ出してひとに押しつけるひとは、それでうまくいったという経験があるのかも。

「どうして助けてくれないわけ？」ってゴネたり、悲しそうにしてみたり。そうやって、ひとの罪悪感にうまく付け入ることがクセになっちゃっているひとがいる。

クセになってしまうと、せっかく助けてもらっても、また次、そしてその次はもっと大変なこと、っていうふうにキリがなくなるんだよ。

こういうひとに依存されちゃうと、どこかで、きっぱり断らないといけない。そうしないと、あなたのほうが疲れ果てちゃうからね。

それでも断ることができないって？

それは、断ったら恨まれると思うからなんじゃない？

でもさ、「わたしの頼みを断ったから」って、**あなたを恨むようなひとは、果たしてあなたのことを本当に大切に思っているのかな？**

不健全な依存関係はどのみち、どこかでうまくいかなくなるよ。だからきっぱり断る勇気を持とう。そのほうがお互いの傷が浅く済む。

あと、自分がいつの間にか依存するひとになっていないかもよく注意して。

「あのひとは、どうして、わたしのためにがんばってくれないの？」「わたしが、こんなに頭を下げているのに」「あのひとはわたしに気を遣うべき」「あのひとのせいでうまくいかない」。こんなことを思いはじめたときは、それって本当にひとのせい？　って問いなおしてみて。

12

ひとに評価されるのが
怖いカンペキさんへ

どう思われているかって気になる。
わたしだけじゃなくて、
それはみんなもたぶん同じ。
そう思うと、
ニンゲンってみんな
小さくて弱くて愛しいよね。

ニンゲンのあいだで短歌っていうのが流行ってるんだって？　日本では大昔からずっと流行ってる？　でも、最近またブームなんでしょ？　おれ、いいの教えてもらったよ。

晴れてよし　曇りても良し　富士の山
もとの姿は変わらざりけり

山岡鉄舟さんっていう、幕末から明治の剣豪の歌なんだってさ。かっこよくない？

晴れても、曇っても、富士の山はいいものだ。
もとの姿は何も変わらない。

ほんとそうだよな。「嬉しい、今日はよく見える！」って喜ぶのも、「今日は曇ってるから富士山が見えない」ってがっかりするのも、富士山を見ているニンゲンのほうで、**富士山そのものはいつも堂々としてる**

もんな。いいよなあ、富士山は。

でもさ、ニンゲンだって富士山みたいなものじゃない？カンちゃんを見るひとが、その時々で「良い」とか「悪い」とか言ってるだけで、カンちゃん本人はいつだってカンちゃんで、何も変わってないもんね。

ニンゲンも天気と同じ。晴れている日も、曇っている日もある。

それよりもさ、カンちゃんだって誰かのことを、その時々でジャッジしてるんじゃない？　ときに良くない日があったとしても、そのひとの本質を見ることを忘れないようにしないとね。

つい正論を言いたくなる

13

カンペキさんへ

その正しさは暴力になってない？

「あのひとがおかしいんだから仕方がない」は

「だからマウントを取っていい」という

言いわけにはならない。

猫ってさ、強いほうがエラいと思ってるやつが多いから、しょっちゅうケンカするんだよな。でもさ、さすがに相手を引っ掻いたりはしないみたいだけど、ニンゲンだって同じじゃない？

パワーゲームって言葉がある。力を振りかざして主導権を握ろうとすることで、パワハラとか、いじめがその典型だけど、年齢差や上下関係にかかわらず、どこでも起きているよね。

「あのひと、仕事できないよね」
「あのひと、人の輪を乱すよね」
「あのひと、いつも変なこと言うよね」
「あのひと、やること遅いよね」

こんなふうにね。自分を正当化することで、ひとの「なっていない部分」を責めるんだ。「正しさ」というパワーを振りかざす。「あのひとが悪いんだから仕方ない」という大義を言いわけにすれば、責めたってかまわないと思っちゃうひとって多いんだよ。

このパワーゲームって言葉、もとは大きな国がその経済力や政治力を盾にして他の国を牽制することを言うんだって。

いちばんひどい場合は、戦争がそうだよね。相手の国を攻撃するからには、大義名分ってやつが必要になる。

でもさ、どんな大義があったとしてもひとが死ぬかもしれないような暴力が正当化されるはずはないのにな。戦争が悪いことだっていうのは猫でもわかる。

だから同じことの縮小版を自分がやらないように気をつけないといけないよね。つい自分を正当化して、**正義を振りかざしたくなったときほど、いったん立ち止まって**考える。

わたし、いま、正義ヅラした悪魔になってない?

14

どんなひとも好きでなくてはならないと思っているカンペキさんへ

無理していいとこばっか見ないでもいい。
いいとこを見たいときだけ見ればいい。

ミュ〜ル

「『ニュール』（猫たちの大好物）があと一本あるよ！」っておれが言ったら、あいつ「『ニュール』あと一本しかないのかあ……」ってさ。すげぇ悲しそうにすんの。いつもネガティブ思考なのよ。

物ごとにはいつも二面ある。

ニュールが残り一本しかないってしょげるか、ニュールがあるってアゲで行くか。それを決めるのは本人次第だよな。

物ごとだけじゃなくて、ニンゲンだってそう。

見かた次第で、二面どころか多面ある。

どうにも合わないひとっているよな。

そのひとと仕事をすることになって、「めっちゃ、苦手。もうこんな仕事イヤだ……」と思うか、「友人になる必要はないけど、仕事仲間としてうまくやろう」と思うか。

仲良くなろうなんて思わず、割り切ってうまくやればいい。

日本では子どもの頃に「みんなと仲良くしましょうね」と言われることが多いし、協調性が重視される。「協調性」と言えばいい言葉だけど、これは見かたによっては「同調圧力」とも言える。**まさに物ごとには二面あるわけ。**

でもさ、この「みんなと仲良く」って、国によっては「好きになる必要はないけど、うまくやりましょう」と教えられるんだって。みんなを好きにならなくていいなら気が楽だよね。

いつもひとのポジティブな面だけを見ようとすると疲れる。そうではなく、自分の都合で見かたを使い分ければいい。

うまくやっていくほうがメリットがあるなら、ポジティブに見る努力をする。情があっても互いのためにならない関係ならネガティブな面を見て離れる。自分の居心地をよくするためにはどう付き合うか。その視点でひとを見るようにしてみたら？

周りに気を遣いすぎて疲れてしまうカンペキさんへ

15

ひととの関係だって、
いいときも悪いときもある。
うまくいかないのは、
わたしだけのせいでもない。

「ノンちゃんって、全然ひとに合わせるって気持ちがないんだよね……。チームで担当しているプロジェクトなのに、部長は怒ってるし、わたし、板挟みで困っちゃう」

何かを一緒にするとき、良い人間関係やチームワークが築けているといい。ただ良い人間関係をつくることを意識しすぎるあまり、気を遣って疲れてしまうひともいるよね。特に、心の5つのクセのうち、「気配りさん」の傾向が強いひとに多い。

良い関係をつくる努力をしてみるのはいいけど、こればかりは相手あってのことだから、うまくいかないときはうまくいかないしね。

努力してみたけどうまくいかない場合はもう仕方がない。そのときは「自分が楽」でいられることを優先して考えたほうがずっといいよ。

いくら折り合いをつけようとしたって、相手にあなたの思いを汲む気がないならば、そのひとと同じようにマイペースに気楽にいったほうがよくない？　そういうひとって、周りが気を遣っていることさえ気づかない、あるいは気にしないってことがよくあるから。

それでもやっぱり、努力しないことに罪悪感がある？　それなら、**人間関係を「良い」「悪い」以外の基準で考えてみる**っていう手もあるよ。その基準が、**「自然体かどうか？」**。

相手も好き勝手やっていて、協調する気がない。つまり自然体。それなら自分も自然体でいく。そう決める。

自然体でいくには、人間関係には良いときも悪いときもあると知ること、良い悪いだけで割り切れるものではないと知ることが大切だよ。

家族で考えてみるとわかるよね？　険悪なときも、仲いいときもあるんじゃない？　でも、そんなものだと思って、明日が続いていく。

人間関係は無理にどうにかしようとせずに、ある程度は時間に任せればいい。

ひと息②

自分の「心のクセ」を知ってコントロールしよう

「心のクセ」には5パターンあると言いました（57ページ）。これは、心理学の一つである**交流分析**の考えかたです。

交流分析は「かんたんな精神分析」とも言われ、精神科や心療内科で活用されています。交流分析にはいろんな要素があり、「心のクセ」は全体のほんの一部です。興味がある方は『攻撃する人の心理がわかる本』を読んでみてください。

5つの「心のクセ」は次のとおりです。それぞれ「育ち」のなかでつくられていきます。

① **ひとを喜ばせなさい**→気配りさん
② **努力しなさい**→がんばり屋さん

③**急ぎなさい**→せっかちさん
④**強くありなさい**→強がりさん
⑤**正確でありなさい**→正確さん

ここから紹介するそれぞれの「心のクセ」の特徴をチェックしてみてください。当てはまる数が多いのはどんな「心のクセ」ですか？

気配りさんはこんなひと

◎子どもの頃
親が厳しく、親の顔色を気にして育った
言われたこと…「ひとに迷惑をかけないで」「今日もいい子でうれしい」

◎性格の傾向
□繊細すぎる
□他人を優先してしまう

□大切だと思うひとに過剰に尽くす
□いじめられやすい
□反論が苦手
□自己主張が苦手
□決断が苦手
□自分を責めてしまう

◎イラッとしてしまうこと
与えた優しさに対する見返りがないこと
つい思う‥「せっかく◯◯してあげたのに」

がんばり屋さんはこんなひと

◎子どもの頃
がんばることで褒めてもらえた
言われたこと‥「がんばることに価値があるの」

◎性格の傾向
□努力することが好き
□ひとの指示を聞くのが嫌い
□なんでも自分で決めたい
□大切なひとさえライバル視してしまう場合もある
□納得できないことを許容できない
□他人に厳しい
□自己肯定感が高め

◎イラッとしてしまうこと
自分に比べて、ゆるいひと、甘いひとが許せない
つい思う：「なんでがんばってくれないの？」

せっかちさんはこんなひと

◎子どもの頃

親のペースを乱すと嫌がられた

言われたこと…「ぐずぐずしないで」「しゃきしゃきしなさい」

◎性格の傾向

□他者より先に物ごとを進めたい

□待つことが苦手

□競争意識が強い

□マルチタスク傾向

□予定を詰め込む

□忙しい自分に酔う

□プライドが高い

□ケアレスミスが多い

◎イラッとしてしまうこと
マイペースなひとを見下してしまう
つい思う：「さっさと◯◯してほしい」

強がりさんはこんなひと

◎子どもの頃
第一子だったりして甘えさせてもらえなかった
言われたこと：「甘えないで」「しっかりして」

◎性格の傾向
□弱音を吐くのが苦手
□腕組み、足組みをしやすい
□職人気質
□自己開示をしない
□マイペース

□腹が立つと黙ってしまう

◎イラッとしてしまうこと
距離が近かったり、甘えてきたり、自分のペースを壊すひとが苦手
つい思う‥「私の領域に入らないでほしい」

正確さんはこんなひと

◎子どもの頃
親の期待値が高かった
言われたこと‥「こんなこともできないの？」「ちゃんとして」

◎性格の傾向
□計画をしっかり立てる
□完璧さを求めて失敗を恐れる
□姿勢などが整っている

□周囲に完璧さを求めがち
□話すとき一文が長い
□話すとき答えを探すように目が泳ぐ
□時間に正確

◎イラッとしてしまうこと
不正確なせいで足を引っ張られること
つい思う…「なんでこんなこともできないの？」

生まれた国や土地、人種にかかわらず、ひとは5つの「心のクセ」のうち、ひとつ、場合によってはふたつ以上を持っています。あなたはどのクセの傾向が強いですか？

カンペキさんは違和感がある

16

相手でも我慢してしまう

そのひと、大丈夫?

いつの間にか傷つけられてない?

感じよく感じ悪いひとはいる。

自分のことしか考えていないひとや、何かしてもらっても感謝できないひとはエゴイストとか、自己中（自己中心的なひと）と思われて、疎ましがられるもの。

どこに行っても必ずいるよね、我の強いひとって。自分の手柄にするために、平気でひとの評価を下げるようなことをするとかね。

こういうわかりやすい自己中のひとはまだいいんだけど、厄介なことに「隠れ自己中」っていうタイプもいる。

隠れ自己中のひとがしたたかなのは、自己中のひとがやりがちな「自分の過大評価」をあまりしないこと。それどころか、「わたしなんて、大したことないです」とか平気でしおらしいことを言っちゃう。

その一方で、部下や同僚、周りのひとの価値を下げるようなことをするんだからどの口が言うか！　だよね。

憎まれず、恨まれず、ひとを蹴落としてしまう。社内政治がうまいひとには、このタイプが一定数いる。

隠れ自己中のひとは、自分の評価を上げるという目的のために集中して誰かの価値を下げようとする場合もある。

たとえば、自分のすぐ下の地位のひとの価値を下げて、自分の優位性を保ったり、自分のすぐ上のひとの価値を下げて、自分のほうが良いと周囲に見せかけたり。

また、新人さんなど、自分よりもずっと下のひとを厳しく叱ることで「こんなに組織全体を見ている」というパフォーマンスをしたりね。

自分の上司や同僚という絶対に離れることができない距離にいるひとがこのタイプの場合、**できるだけ攻撃の対象にならないように**、かかわりを最小限にすること。仕事上の連絡だけでドライにつながること。ただし、感じよく。

結局、接触回数が増えるほど相手にはあなたのことがいろいろ見えてしまうものだから、見られないようにして身を守ろう。

カンペキさんは都合の
17
いいひとになりがち

「わたしばっかりやってる！」

そう感じたときは、

自分に問い直す。

わたしはほんとに、

それを相手に望まれている？

わたし、

ひとりでから回りしてない？

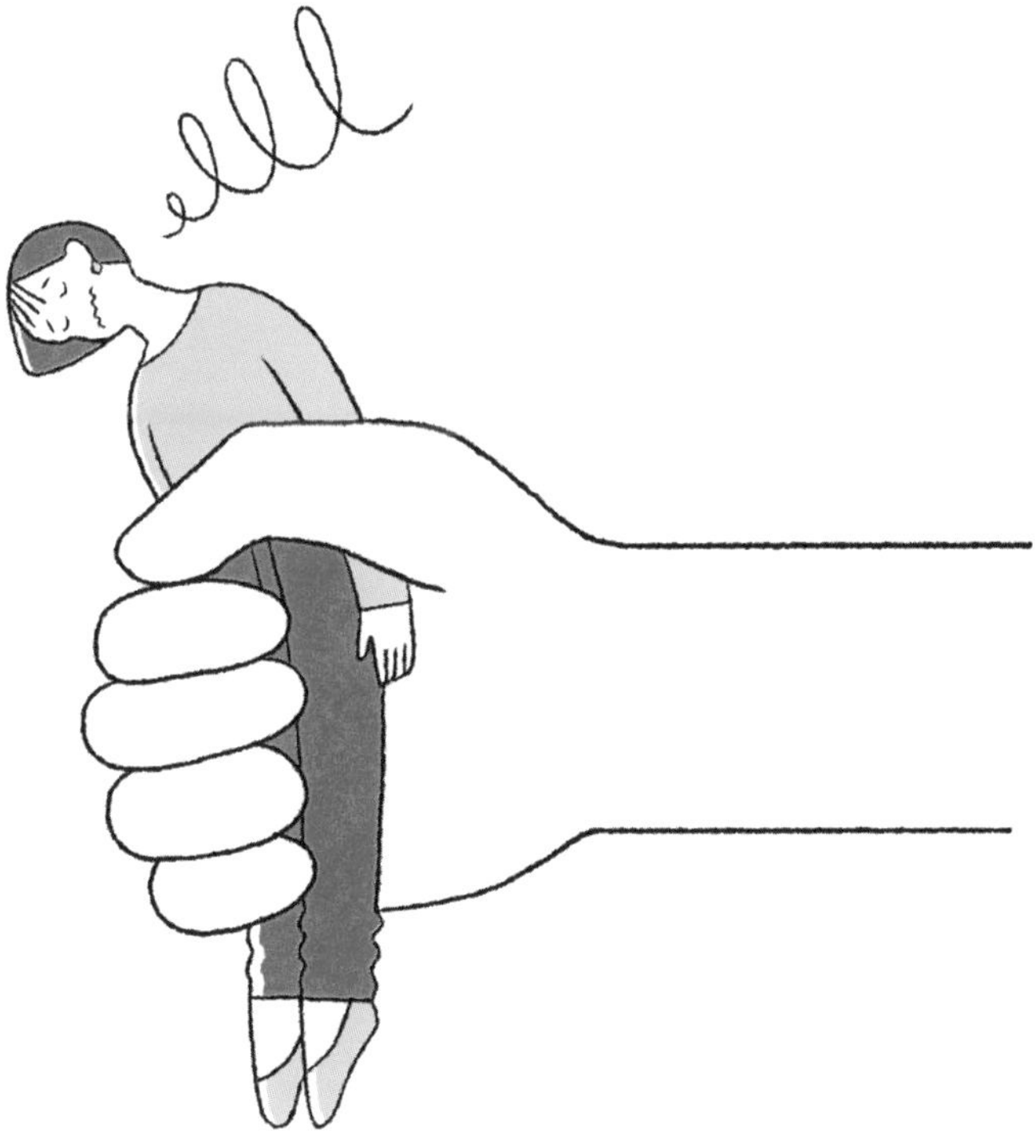

ひとから好かれたい。それはいいことなんだけど、「好かれたいと思うこと」は、それだけひとに「弱みを握られること」でもある。「好かれたい」という気持ちが相手に伝わると、「それなら◯◯してほしい」という要求につながっちゃうことがあるからね。

惚れたほうが負け、なんて言葉がニンゲンにはあるそうだけど、この現象を表しているよね。
たとえば好きなひとができたとき、「がんばり屋さん」や、「気配りさん」体質のひとは、この傾向が強くなる。

がんばり屋さんなら、期待に応えられるよう必死で努力する。気配りさんなら、相手の意に添えるよう自分を犠牲にする。好きなひとにとって完璧なパートナーになろうとしてしまう。
一方で「強がりさん」は意外と強い。理解されないならば、妥協しない。ひとりでも平気というひとが多い。

でもね、「誰かにとって完璧」になろうとあくせくするほど、から回りしかえってうまくいかないということはよくある。
「こんなに尽くしているのに」「こんなに合わせているのに」と無理してがんばった結果、「べつにお母さんが欲しいわけじゃないし」なんて言われてしまったりしてさ。

恋愛にかかわらず、どんな関係でも、なんだか割に合わないと感じるようなときは思い出してほしいんだ。

いま、**わたし、都合のいいひとになってない？**
完璧を目指すあまり、自分が苦しくなってない？

不本意な要望を叶えてあげることはない。
求められてもいないことを無用に提供することもない。
何かしてあげようとするほど関係は不思議と悪くなるよ。

ひと息③

「心のクセ」がマイナスに働くときに

「心のクセ」は生きるうえでプラスに働くこともありますが、マイナスに働いてしまう場合もあります。ストレスがかかって、「心のクセ」に駆り立てられるようなときです。

たとえば、いつも親の顔色を窺《うかが》って良い子であろうとしてきた「気配りさん」は、無意識に周りを喜ばせる行動をとるようになります。「ひとを喜ばせなさい」という命令が、無意識から発信されるのです。

結果として大人になってからも、過剰にひとを喜ばせようとしてしまいます。対人関係で何か不安になることがあると、そんなことをする必要などないのに、むやみに相手にプレゼントを贈ったり、過剰に尽くしたり。

また、職場などで気に食わないことがあると不機嫌になるひとというのもいます。態度で周囲のひとたちにプレッシャーをかけるのですね。こういうひとはもしかすると、子どもの頃に「強くありなさい」というメッセージを親から受け取ってきたのかもしれません。

不機嫌な態度を取ることで、ひとより優位に立てるということが無意識のなかにすり込まれているわけです。

無意識を自覚するだけで助けになる

「心のクセ」はこんなふうに**知らないうちにひとの行動を支配**しています。職業選択やパートナー選びにさえも影響するというのはよくあることです。

たとえば「気配りさん」がサービス業に就いたり、「がんばり屋さん」がプレッシャーが強かったり目標設定が高かったりする職場を選んだり、「せっかちさん」がマルチタスクを求められる忙しい職に就いたり。

5つの「心のクセ」は、無意識（正確には半意識：無意識と意識の中間）にあるので、自覚することが難しいものです。しかし、こうした**「心のクセ」というものがあると知る**だけで、自分がどんな「心のクセ」を持っているのかがなんとなくわかるのではないでしょうか。

5つの「心のクセ」のうち、自分はどれを持っているのか？
5つのうち複数に当てはまるならば、特にどのクセが出やすいのか？

まずはそれを知ることです。
そのうえで、場面によってクセの出かたを緩めたり、逆に強く出るようにしたりして、自分でコントロールできるようにする。そうすると、ずいぶん気楽に生きられるようになるはずです。

たとえば、「心のクセ＝急ぎなさい」を持っている「せっかちさん」が、プレッシャーのかかる仕事を担っているとします。強いストレスを感じて、「心のクセ」が出てきてしまいました。一心不乱に急ぐあまり、ミスを連発……。

そんなとき、「**あ、わたしはいま、『心のクセ』にコントロールされているんだな**」と自覚できればいいのです。自覚し、「心のクセ」を緩める。たったそれだけのことですが、状況はずいぶん改善していくはずです。

「心のクセ」を緩めるには、「心のクセ」に効果的に働きかける言葉を持つと役に立ちます。

いま自分はクセに支配されていると自覚したとき、その言葉を頭のなかに思い浮かべたり、つぶやいたりする。そうするうちに、だんだん心が落ち着いていきます。ですからぜひ、本書で共有する30の言葉を役立ててください。

カンペキさんは「永遠」という理想を信じてしまう

18

友人との関係は
人生のステージで変わる。
離れても、
またつながることもある。
また、いつかご縁があれば。
そういう気持ちで
のんびり長い目で見て考える。

「高校も大学も一緒だったマイちゃん。赤ちゃんが生まれてから、なんとなく疎遠になっちゃった。ケイちゃんの結婚式も来ないんだって。忙しそうだから誘うのも気を遣うし。でも、やっぱり寂しいな」

あんなに仲が良かった友人と、なんだかしっくりいかない。

こういうことはよくあるし、珍しいことではないと知っておくといいよ。特に女性の場合は、それぞれに多様な結婚、出産というライフイベントで生活スタイルが大きく変わることがある。

それを機に、いままで時間軸が近かったお互いのライフスタイルがズレて、距離ができるってこともある。

親友のことであっても心から喜べない場合もあるし、裏切られたような気持ちになることもある。そんなのは普通。

これを知っておくだけで、何かあったときのショックは軽くなるよ。

「ひとを信頼するな」って言っているわけじゃなくてね。

自分から離れていった友人を「良い」「悪い」で判断しない。
ライフステージが変わった。
それだけ。

事あるごとに、白黒をはっきり付けようとせず、いまはグレー。そういう**曖昧な関係が人間関係にはたくさんある。**グレーのままでいれば、関係は切れていない。
たとえば一方に子どもができ、一方が独身で、なんとなく共通の話題がなくなり疎遠になってしまったとする。数十年後、子どもに手がかからなくなったとき、また友人関係が密になる、なんてこともあるからね。

いますぐなんとかしようとしない。
目の前のいまだけに依存しない。
のんびりと先を楽しみにするのも悪くないよね。

19 否定することで溜飲を下げてしまうカンペキさんへ

ネガティブな言葉って
居心地がいいんだよね

猫もニンゲンと同じで不安になるときがある。不安は危機から逃れて安全に生きていくために必要な感情らしい。
ただ、不安のあまりひどく混乱したり、ネガティブな思考に陥ってしまうのはイヤなもんだよね。

「ダメだ、うまくいくわけがない」

こんなことを思いはじめたり、つい言ってしまったりしたら、じっさいに心が折れちゃってうまくいく可能性をつぶす、なんてこともあるからね。だから不安なときネガティブな感情から抜け出せなくなるのは、あまりいいことじゃない。

さらに言うと、ネガティブな感情って言いわけにつながるんだ。

「うまくいくわけがない」

この言葉の後ろに来るのは、「だって、難しいから」「だって、時間がないし」「だって、わたしの責任じゃないし」といった言いわけ。

ネガティブなことを言うことで、自分の心をとりあえず落ち着けようとするんだね。

意識のうえでは、つらい、苦しいと思っていても、無意識のなかでは**ネガティブという「居場所」を見つけて、心の安定を図っている**ようなもの。不安定な心の居場所ができたら、ある意味、居心地が良くなる。

ネガティブという居場所に依存してしまいそうになるのは、自己完結で終わるケースだけではない。ひとを巻き込む場合もある。

たとえば、愚痴や悪口大会。そういうネガティブな話題って、ひとを集めちゃうんだよね。経験ない？

気持ちがいい話ではないはずなのに、なぜか居心地がいい。そして悪口や愚痴が止まらなくなってしまう。ネガティブの居心地のよさを知ってしまうと、そういうひとになってしまうから気をつけよう。

疲れ果ててしまった

20

カンペキさんへ

今日は休んじゃえ。

どうした？　仕事、行きたくない？　じゃあ、休めばいいんじゃない？　よし、猫と一日遊べるよ！

気分がどうにも落ち込んで、朝起きるのもイヤだ。そういうことがあるよね。まずは、自分がうつ状態にあるのかを知る必要があるよ。うつ状態を放っておくと、悪化してうつ病になってしまうこともあるから。

楽しいことが楽しくなくなった。
よく眠れない。
逆にいくらでも寝られる。
食欲がない。
逆に過食。

こういう状況がしばらく続いていると思い当たるなら、早めに病院で相談してみて。

そうではなくて一過性のものの場合、今日はなかなか立ち上がれないとか、わかりやすくイヤなことがあったとか、すごく忙しくて疲れたとか……そういうときは、思い切って休んでしまうのも手だよ。

仕事するはずだった日が突然の休日に。なんだか、それだけでちょっと嬉しくなるんじゃない？　パフェでも、焼肉でも、思い切り好きなものでも食べて、好きなことをして、ゆっくりお風呂にでも入って、自分を甘やかしてみたら？　じっさい、カンちゃんが急に今日休んだところで、職場はそれなりに回るはずだよ。

ダメになりそうになったら、休んで力をためる。力がたまったら、また立ち上がって歩けばいい。

野生の動物だってそうだよね？　ケガをしたら、姿を隠して癒えるまで力をたくわえる。癒えたらまた外に出る。ニンゲンだって変わらないよ。生き残るためには、賢く休もう。

過去の自分が許せない 21 カンペキさんへ

昔の大失敗を思い出すと
いたたまれなくなって、
声が出る。

恥ずかしい……。
取り返しがつかない……。

でもそれ、
気にしているのはわたしだけかも。

「ぎゃー!」

猫⁇　ああ、ニンゲンか。急に昔のことを思い出して恥ずかしくなった？　なんだよ、それ。

でも、こういうのって、ニンゲンにはよくあるらしい。十年以上も前の失敗や黒歴史を思い出して恥ずかしくなるんだって。

お酒を飲むひとは、酔っていつもよりテンションが上がったり、誰かに絡んじゃったりしたことを翌日になって思い出して青くなるなんてことがよくあるらしいけど、そんな感じかもね。

思い出して恥ずかしいくらいならいいんだけど、これがひどい罪悪感にとらわれるようになる場合は「罪業妄想」っていう名前が付いている。気にするほどのこともない過去の些細な言動を大きな失敗と思い込んで、自分を責めてしまうんだね。

でもさ、残念ながらいちど起きてしまった過去は、変えられない。だから、こんなふうに思ったらどう？

まず、カンちゃんがとっても気にしている、それ。
周りは大して気にしてない。
それどころか覚えてもいないかもよ？

でもさ、その過去が、取り返しがつかないとあなたが思うようなこと、たとえば誰かを傷つけちゃったとかならどうするといいだろう。

まずは心のなかで懺悔《ざんげ》して反省すること。
もしいまもそのひととつながりがあるのなら、謝ってみること。

いまも関係が途絶えていないってことは、そのひとにとっては「ああ、そんなこと」というレベルのことだったのかもしれないし、「わざわざ謝ってくれてありがとう」って思うかもね。そのうえで、「今後はもうしない」と心に誓って生きていけばいい。

怒り心頭の

22

カンペキさんへ

怒りの感情は「終わらせること」。
問題を終わらせるか。
人間関係を終わらせるか。
だから怒りを使うときは注意。

チッ、怒られたよね。

「また毛が落ちてる」って、おれ猫だし仕方なくない⁉

ニンゲン、イラッとしたり、腹を立てたりするツボみたいなものは、それぞれ違うらしい。

それは一日のちょっとしたことでもよくわかる。食器の洗いかた、ゴミ出しの仕方ひとつでも、こだわりポイントはいろいろあるし、予定が乱されることを嫌うひと、家でだらだらするのを嫌うひと、ご飯の食べかたが細かく気になるひと……というふうに挙げるとキリがない。

ただ傾向として、子どもの頃、親に言われたこと（5つの「心のクセ」）が、キレるツボ、怒りのトリガーになりやすいんだって。

腹を立てずに毎日を過ごしたいものだけれど、そもそもひとはなんで怒ってしまうんだろう？　それは、怒りにはそれなりの効果があるからなんだって。

たとえば**怒りには揉めごとを解決する力がある。**

何度言っても、食べ終わった食器を片付けてくれないパートナーに「どうして、何度も言わせるの！」——パートナーは慌てて食器を下げるよね。

こんなふうに、怒りには、問題をすぐに解決する力がある。

そして、**怒りには、関係性を断つ働きもある**よ。

上司の大爆発に翌日部下が辞表を出したとか、友人に腹を立ててはっきり言った結果、関係が終わったとか。

怒りは、相手に対する期待の表れだったりするけれど、そのせいで関係を断ち切ってしまうことがある。絶交状態になって、こんなはずじゃなかったのに……と後悔しても取り返しがつかないよね。

だから、**怒りは「終わらせること」**だと知ること。

最終手段と思わないと、大切なひとを失うし、何より自己嫌悪で自分のことがちょっとイヤになる。

いま、クサクサしている
23
カンペキさんへ

悪いときがあるからいいときがもっと嬉しい。

甘い、しょっぱい、酸っぱい。
いろんな味を食べるように、
いろんな感情を味わおう。

カンちゃんはチョコもポテチも好きだ。おやつならどちらかだけ食べればいいのに、チョコとポテチの両方を食べている。

「チョコの甘さのあとに、ポテチのしょっぱさを補充すると、エンドレスに食べられちゃうよね？　甘いだけでも、しょっぱいだけでも飽きるしさ。チョコがけのポテチを開発したひと、まじ天才だよ」

猫の舌は甘さを感知できないからよくわかんないし、おれは「ニュール」だけでじゅうぶんだけど、甘いのとしょっぱいのを交互に味わいたいって、前にも言ったみたいに、ニンゲンは「比べる」ことを自然にする動物だからかもね。

誰かと誰かを比べて自分の状況を客観視しようとするように、ニンゲンは物や事も比較することで認知するんだ。

しょっぱさと比べるから甘さがより引き立つ。

これって、楽しさとつらさでも同じだよ。

人生、つらいことがあるから、楽しいことがもっと喜べる。

たとえば、大した努力もしなかったのに、なんとなくうまくいった仕事よりも、必死で努力した結果うまくいった仕事のほうが、嬉しく誇らしく感じられるものじゃない？

毎日イヤなことなんて一つも起きず、楽しいことばかり続けばいいと、つい思ってしまうよね。でも、つらいことや苦しいことが起きない毎日はけっこう退屈なものかもしれないよ？

楽しいことだけだとダメになる。
つらいことや苦しいことだけでもダメになる。
両方があるから、人生にハリとやりがいが生まれる。

つらく苦しいときは、これは楽しいときの喜びを増幅させるためのしょっぱいポテチなんだと思えばいい。

義務感と責任感でがんばってばかりいるカンペキさんへ

24

「やらされ感」があるときは、
仕事の意義を見直すチャンスかも。
将来にいかそう!

「最近、部長に言われるまま、お客さんの要望のまま仕事をこなしていて、クリエイティブじゃないんだよね……。成果もそれなりに出ているんだけど、なーんだか、つまんない。転職に失敗したのが堪《こた》えているのかな……」

にゃーん、カンちゃん、転職のことは残念だったね。でも、いまの職場でもう少しがんばってみるって言ってなかったっけ？

「そうなんだけど、仕事の意義がわからなくなっちゃって。前よりもこなせる仕事の量も増えたのに」

それは、やりがいが見つけられないってやつ？　仕事でも家事でもなんでも、自分が積極的にかかわっている自覚が持てないと、「やらされている感」が強くなってしまうんだよ。

忙しすぎて、目の前のことをこなすのに精いっぱいになっていたり、上司や周りの顔色ばかり見てなんとか結果を出すことに必死になったりしていると、仕事をやらされているという気持ちになってしまう。そういう状況が続くうちに、気力ややる気を失って、仕事がつまらないと感じるようになる。

仕事がつまらない。
わたしがやっていることには意味がない。
そう感じたときは、**改めて「意義」を見直してみよう。**

意義を見直すときのポイントとして、「ごく身近なひと」「社会」「世界の未来」という3段階で考えてみるといいかも。
たとえば、カンちゃんなら、「いいデザインを提供することでお客さんのニーズに応え、会社の仲間に利益をもたらす（＝ごく身近なひと）」「デザインによって世の中の暮らしをわかりやすく快適にする（＝社会）」「自分のデザインが環境にやさしく平和な世界をつくる助けになる（＝世界の未来）」。見つけようとすると様々な意義がある。それをもういちど確認すると、またモチベーションがアップするよ。

ひと息④

5つの「心のクセ」とカンペキさん

ここまで5つの「心のクセ」についてお伝えしました。しかし、この本はカンペキさんを楽にするための本なのでは？

そうです。本書の目的は、毎日に疲れているカンペキさんに心の緩めかたをお伝えすることです。

では、カンペキさんと5タイプの「心のクセ」って関係あるの？　はい、カンペキさんの「完璧に物ごとを遂行する」という態度は、状況によって5つの「心のクセ」全てに影響をおよぼすのです。

生きているだけで「完璧」を求められる社会で

日常を生きていると、仕事でも、家庭でも、学校生活でも、それ以外のコミュニティにおいても、「完璧さ」を求められる機会がよくあります。

とりわけ日本に住んでいると、**「きちんとすること」が強く求められがち**です。仕事でお客さまやお金が絡むと「いい加減なことは許されない」状況に身を置くことになります。

また、**「同調圧力」**だってあります。周囲との調和を乱さないよう、常にひとの目を気にしなくてはなりません。調和を乱さないことを基準にして行動をとらなければならない場面はよくあるものです。

きちんとできなかったり、調和を乱したりすると他人から「恥！」「恥ずかしいひと！」という烙印《らくいん》を押されます。

私たちは生きているだけで、完璧さ、つまり、（結果の）正確さ、（用意の）周到さ、（仕事の）速さ、（リソースを最小限に抑える）コスパやタイパといったものが求められるのです。

結果として、誰しも「完璧な行動」が期待されることになります。

① ひとを喜ばせなさい＝結果でひとの期待に応えなさい
② 努力しなさい＝難しいタスクもがむしゃらにやりなさい

③急ぎなさい＝無理な締め切りでも間に合うようにやりなさい
④強くありなさい＝ムスッと黙ることで優位に立ち、より完璧に相手をコントロールしなさい
⑤正確でありなさい＝間違いはぜったいにしてはなりません

こんなふうに。

それぞれの「心のクセ」のとおりに完璧にできるよう行動することになり、ひとは誰しもカンペキさんに陥ってしまうんですね。

ですから私たちは自分で自分を知り、無理に完璧にしようとすることがなくても大丈夫な方法を知っておくことが大切になります。

本書の言葉はすべて、あなたがどの「心のクセ」を持っていたとしても、その立場で解釈できるものです。なかでも特に自分に当てはまるという言葉は、ぜひいつも心の片隅にとどめておいていただければ幸いです。

自分というひとを
よく知る。
自分というひとと
親しくなる。
すると、
自分と付き合いやすくなる。

嫌いなひとに心乱されて

25

つらいカンペキさんへ

ムカつくひとって、

必ずわたしと似てるところがある。

態度？

ものの言いかた？

外見？

鏡と思って、そのひとから学ぼう。

「やっぱりノンちゃんが苦手。自分のペースを崩さないし、ナチュラルにひどいしさ……。今日なんて、お客さんに言われたとおりに修正したデザインを見て、でもそれやっぱり可愛くないですよね？　だって」

ニンゲンの使う「四苦八苦」って言葉の「八苦」の一つに「怨憎会《おんぞうえ》苦《く》」っていうのがあるんだって。「恨んだり憎んだりしているひとと会わなければならない苦しみ」を言うらしい。

社会で生活していると、誰でも必ず、恨んだり憎んだりしているひとと会わなきゃならない場面があるってこと。

たしかに過去を振り返ってみても、周りにはイヤなひとがいたはずで、イヤなひとに会ったことがない、なんてひとはいないよね？

人間関係がイヤになって転職しても、そこには別のイヤなひとがいたりしてさ。学校、近所、親戚、サークル、どこにだって苦手なひとのひとりやふたり、いたんじゃない？

心理学者のユングは、「イヤなひとは自分ととても似ている」と言ってるよ。誰かに対して、**怒り、憎しみ、イヤな感じをおぼえるとき、そのひとと自分は似ている**んだって。

だから、そのひとの何がイヤなのか冷静に観察してみると、自分のことが見えてくるかもね。カンちゃんはノンちゃんの何が苦手なの？

「無神経なとこかな？　わたしだって、正直あまり可愛くないなって思ってたよ。でも、そんなこと言う必要なくない？」

にゃるほどな。でも、カンちゃんも言葉にしないだけで、やっぱり同じように思ってはいたんだよね？　それ、口にするだけノンちゃんは正直でもあるよね？　カンちゃんだって状況が違ってたら、無神経に同じことを言ってたかもしれないよ。

誰かを「ムスッとして感じが悪い」と感じるなら、自分も「ムスッと黙る」ことをしているかもしれない。「媚びるひと」がイヤなら、自分もときに媚びているのかもしれない。ひとのイヤなところが目につくのは自分の鏡だから。よく見て、自省しよう。

自分に自信が持てない

26

カンペキさんへ

短所は最大の長所って、
よく言われる。
それたぶんほんと。

ただ、

自分に自信を失うと、
見えにくくなっちゃうんだよ。

「今日、ノンちゃんに言われたんだ。カンちゃんって、優柔不断って言われるけど、そうじゃなくてひとに優しいんだよ、って」

ノンちゃんに褒められて、嬉しそうだな。いつもはノンちゃんにイラついてばかりいるのにどうしたの？

「そうだね。まあノンちゃんも協調性がないなんて言われるけど、自分の価値観がブレないんだよね。ゆるふわに見えて流されない」

そのひとの**欠点と思われるものが、見るひとや、見る状況によっては長所になる。**５つの「心のクセ」も同じこと。

気配りさん：「ひとの目ばかり気にする／周りに気配りができる」「優柔不断／ひとの意見を尊重する」「ネガティブ思考に陥りやすい／謙虚」

がんばり屋さん：「努力しないひとに厳しい／ひとを伸ばす」「周りが

見えていない／集中力がある」「負けず嫌い／成果を出すことをあきらめない」

せっかちさん：「そそっかしい／動きが早い」「集中力がない／マルチタスク能力に長けている」「散らかる／バイタリティーがある」

強がりさん：「融通が利かない／責任感が強い」「協調性がない／一途で孤独に強い」「ひとを頼るのが苦手／やり通す力がある」

正確さん：「失敗に厳しい／物ごとを緻密にこなす」「神経質／きっちりしている」「先のことばかり気にする／リスク管理に長けている」

自分の良くないところばかりが気になりはじめたら、それを長所に置き換えられないか考えてみるといいよ。

カンペキさんは全人類に評価されようとしすぎる

27

「みんなが言ってる」の「みんな」って誰よ？

「マイちゃんが落ち込んで連絡してきたんだ。ママ友との付き合いが難しいんだって。あるママ友に『あなたとは仲良くなれないって、みんな言ってる』って言われたって。みんなに嫌われちゃうときついよね……。どうアドバイスすればいいんだろう」

疎遠になったって言ってたマイちゃん、やっぱりカンちゃんのこと友達だと思ってたんだな。本当に弱っているときに頼りにしてくれたんだからね。

さて、マイちゃんの件、こういうことってよくあるよね。こう言ってあげたらいいんじゃない？

「みんな」って、本当に「みんな」なの？

自分の主張を正当化するために、主語を大きくしちゃうひとってよくいるんだよ。「自分だけの考えじゃない、みんなの考えだ」っていうふうに。言っていることそのものよりも、数でひとを抑えつけようとするんだね。

「みんなおかしいと言っている」
「わたしたちはそんなふうに思っていません」
「日本人はみんな恥じています」
「猫はべつに魚が好きじゃない」

これらの「みんな」「わたしたち」「日本人」「猫」って、いったい誰なのか？　おれ、猫だけど魚大好きだしな。主語の大きさほど、みんなは何とも思っていないということはよくあるよ。だから、マイちゃんは冷静に、一人ひとりのママ友との関係を見直してみたらどうかな。マイちゃんを嫌っているのは、そう言ったひとりだけかもしれないよ。

自分の仕事や毎日がうまくいっていないとき、つい「みんながわたしをダメだと思ってる」という思考に陥りがちだよね。でもそれ、被害妄想ってことはよくあるよ。

カンペキさんは
28
中途半端が苦手

AかBか？
ではなく、
AとBのあいだ。
あるいは、
AでもBでもなくC。
決着がつかないときの
うまい方法。

「マイちゃんが例のママ友に嫌われちゃったのは、そのひとが主催したバーベキューに行かなかったからなんだって。その日は別の友人一家とハイキングに行く予定が入っていたから断ったらしいんだけど」

マイちゃんはバーベキューを開いたママ友との付き合いがイヤだったというわけでもないらしい。ただ、そのママ友はマイちゃんが自分よりも他のひとを優先したと思っちゃったみたい。

バーベキューに参加するか（A案）、しないか（B案）？　ひとと意見や考えの食い違いがあるなかで、選択や決断を迫られたとき、助けになる方法がある。それは完全にではなく、半歩だけ引いてみること。相手と自分の意見の中間を探る。いわゆる**「折り合い」をつける。**

「あなたにも納得してもらえて、わたしも納得できる。お互いの中間を落としどころにしませんか？」

「折り合い」をつけるメリットは、相手の顔も自分の顔もつぶさないこと。相手にも自分にも恥をかかせずに済むんだね。

マイちゃんとママ友のケースだと、たとえば「今回は先約があったけど、次回は最優先で行くね」と伝えるとか。

マイちゃんのケースみたいに衝突がすでに感情論になってしまっていると難しいことかもしれない。でも、仕事など、分別ある大人として論理的に事にあたるべき場面では、それなりに効果があるよ。

あと、「折り合い」をつけるのではうまくいきそうにないときには、まったく違う方法（C案）を出すという決着の仕方もある。AかBかにこだわることからいったん離れてみる。思いもよらなかった新しいアイディアが出てくるってことがある。

食い違いが起きたときは「勝とう」としないこと。

そうではなく、互いが気持ちよくいられる方法を考える。

「選ぶ」のではなく、「気持ちよく」。

これは自分のなかで葛藤が起きたときにも応用できる考えだよ。

29

他者の価値観で自分を苦しめているカンペキさんへ

わたしはどうして、
素敵になれないんだろう……。
SNSを見て焦ってしまう。
そんなときは、
なんのために
素敵になりたいのかを
よくよく考えてみる。

29

「チョコレート食べるの、今日からやめるわ」

カンちゃん、どうしたの？　ため息なんかついちゃって。あ、そのいま見てるやつ、ニンゲンがみんなやってるＳＮＳってやつだよね？

メディアで見る俳優やモデル、ＳＮＳで人気のインフルエンサーなど、素敵なひとの存在はときに癒やしや励みになる一方、ときに自己肯定感を下げる要素にもなる。

わたしは美人ではない。
わたしは痩せていない。
わたしは丁寧に暮らせていない。
わたしは稼いでいない。

「他人は他人」と割り切れたらいいけど、そう簡単でないのは、自分の努力でなんとかすれば、なんとかなるような気がしてしまうからなんだよね。とりわけ、芸能界といった明確に違う世界のひとではなく、市井のひとたちが脚光を浴びるのを見る機会がSNSの普及で日常化しちゃったからね。

「わたしも、なんとかしなきゃ」

そんなふうに焦ったときは、こう心に訊いてみて。

「でも、それってなんのため？　誰のため？」

たとえば、なんとか痩せたいその理由が本当に自分のためならば、がんばればいい。健康になりたいとか、いまより少しきれいになって自分に自信を持ちたいとか。

でも、ひとに良く見られたいというところに大きな比重があるならば、せっかくがんばって痩せたとしても自己肯定感は満たされないかもしれないよ。もっと、痩せなきゃっていつまでも満足できなくて。

完璧な自分を目指すあまり、自分を呪わないようにしよう。自分の生きかた、自分の考えをいちど改めてよく考えて、自分を大切に。

自分らしく生きたい 30 カンペキさんへ

変わってるね！

そう言われたら、
ポジティブにとらえよう。

自分らしく
生きやすくなる魔法。

「ノンちゃんが変わったこと言ってた。ノンちゃんって、よくひとから変わってるって言われるんだけど、そう言われるとラッキーって思うんだって。なんでそう思うんだろう、ほんと変わってるよね」

ノンちゃんと違って、カンちゃんは変わってると言われたらショックを受けるそうだ。それなら、「変わってる」という言葉についてよく考えてみるといいよ。

変わっている。それは「普通とは違う」ということ。じゃあ、普通ってなに？

ニンゲンの社会では、ひととの調和が求められる。ひととうまくやっていくには、ひとと違わないほうが簡単だ。同調圧力って言葉があるけれど、ひとと違うことは意見の違いや対立につながりやすくなるからね。でもさ、同調圧力って苦しくない？

「そうだよね。そういえばノンちゃんは、みんなと違うからっていじめられていたことがあるんだって」

ノンちゃんはその個性のせいでつらい目に遭ったのに、いまはその個性を肯定的にとらえている。それってすごいことだよね。どうすればそんなふうに思えるようになるのか。それは腹をくくるってこと。

ひとがどうあれ、わたしは気にしない。

社会は分別のある成熟したひとが増えるほど、「自分とは違う他者」を認める多様なものになる。じっさい、ノンちゃんに「変わってるね」と言ったひとの多くは、ある意味ノンちゃんの個性に一目置いてそう言ったんじゃない？

「たしかに、わたしもノンちゃんの変わっているところって自分に真似できないしすごいなって思うもんね。変わっているところも含めて、わたしはわたし。ひとのためじゃなく、自分のために生きたいね」

笑って。

いつもいいひとでなくていい、

がんばらなくても大丈夫、

急がなくても困らない、

自分でなんとかしなくても

助けてくれるひとはいる、

ちゃんとしなくてもいいんだよ。

おわりに

自分を抱きしめ生きていく

肩の力を抜くうえで助けとなるマインドの持ちかたを30個、紹介しました。少しでもお役に立てれば幸いです。

「わかっているんだけど、難しい」

そう思われた方にとっても「どこかで読んだことがある」という体験が心の片隅に残っていることが、意外と助けとなるものです。心のモヤモヤは、それに気づいた時点で8割解決しているという言葉もあるくらいです。本書を手にしてくださったあなたは、すでに自分の状態を自覚なさっていて、そんな自分に向き合おうとされているのですね。

真面目に誠実に生きている自分を褒めてあげてください。誠実に生きているからときに苦しい。そんな自分を大切になさってください。

高品孝之（たかしな・たかゆき）

公認心理士／臨床心理士／一級交流士／博士（心理学）
1960年、北海道生まれ。早稲田大学卒業後、30年以上、カウンセリングなどを通じて、人の悩みに寄り添う。その間、北海道大学で博士号を取得し、より深く人間関係のトラブル解決に尽力した。著書に『攻撃する人の心理がわかる本』（自由国民社）、『イヤな人間関係から抜け出す本』（あさ出版）、『職場いじめから抜け出す3つの視点』（産業能率大学出版部）がある。

読者特典

yomitoku.info

川添むつみ（かわぞえ・むつみ）

東京都在住。東洋美術学校にてグラフィックデザインを学んだのち、2006年よりフリーランスに。子ども時代は古代の深海生物に夢中になるなど、空想にふける日々を過ごしてきた。現在は想像力を活かしたアイディアを大切にイラストを制作している。大の猫好きで3匹の猫と暮らしている。ライフワークとして“保護猫に関するチャリティグッズ”も展開している。趣味は美術館巡り。

◆公式サイト　https://k-mutsumi.com/

相原真理子（あいはら・まりこ）

埼玉県川越市在住。2011年、近畿大学法学部卒業。広告制作会社に営業職として新卒入社するも、昔からの夢であったデザイナーになるべく、一念発起して桑沢デザイン研究所ビジュアルデザイン専攻に進学し卒業。デザイン事務所勤務を経て2022年よりフリーランスに。猫2匹と夫とほのぼの暮らす日々。

◆公式サイト　https://aihara-design.amebaownd.com/

ゆるく生《い》きたいのですが

猫《ねこ》みたいに脱力《だつりょく》できないあなたへの処方箋《しょほうせん》

2024年 1 月 5 日　初版発行

著　者　　高品孝之
発行者　　菅沼博道
発行所　　株式会社 ＣＣＣメディアハウス
〒141-8205　東京都品川区上大崎 3 丁目 1 番 1 号
電話 販売 049-293-9553　編集 03-5436-5735
http://books.cccmh.co.jp

ＤＴＰ　　有限会社マーリンクレイン
校　正　　株式会社円水社
印刷・製本　株式会社新藤慶昌堂

ISBN978-4-484-22246-2